El mundo del arroz

Texto: Armando Coelho Borges

Fotografías: Sergio Pagano

Diseñador: Victor Burton

Luciano Boseggia

el Mundo

del arroz

Platos exóticos y tradicionales

KÖNEMANN

© 1997 de la edición original:
DBA® Dórea Books and Art
Al. Franca, 1185 cj. 31/32
01422-010 São Paulo SP Brasil

Edición
Alexandre Dórea Ribeiro

Adriana Amback
(Coordinación del proyecto y recetas)

Diseño
Victor Burton

Ayudante de diseño
Miriam Lerner

Fotografía
Sergio Pagano, Flavio Pagano
(capítulo *El arroz y el* risotto)

Ayudante de fotografía
Dempsey Gaspar

Producción gráfica
Victor Burton Design Graphico

Fotomecánica
Mergulhar Serviços Editoriais

Título original: *Il Riso in Tasca*

© 2000 de la edición española:
Könemann Verlagsgesellschaft mbH
Bonner Straße 126, D-50968 Colonia

Traducción del portugués
**Karla Andrade para Equipo
de Edición S.L., Barcelona**

Redacción y maquetación
Equipo de Edición S.L., Barcelona

Producción
Ursula Schümer

Coordinación del proyecto
Carmen García del Carrizo

Impresión y encuadernación
Dürer Nyomda
Printed in Hungary

ISBN 3-8290-4047-4
10 9 8 7 6 5 4 3 2 1

Agradecimentos

Alfândega

Leo Shehtman Tecidos

Casa Nobre

Designers

Dino duarte

Elisa Stecca Design

Emporium

Evolução

Faenza - Arte e decoração

Gea Cerâmica

House Garden

H. Stern Home

Ibiza Materiais e Acabamento

Inter design

Interni - Arquitetura e design

Leila D. Tecidos

Marcia Rollan - Vidros

Maude Monerat

Multihome Presentes

Pão de Açúcar (Al. Gabriel Monteiro da Silva)

Roberto Simões

Suxxar Cook

Via Nuova

William & Gorban

Zona D

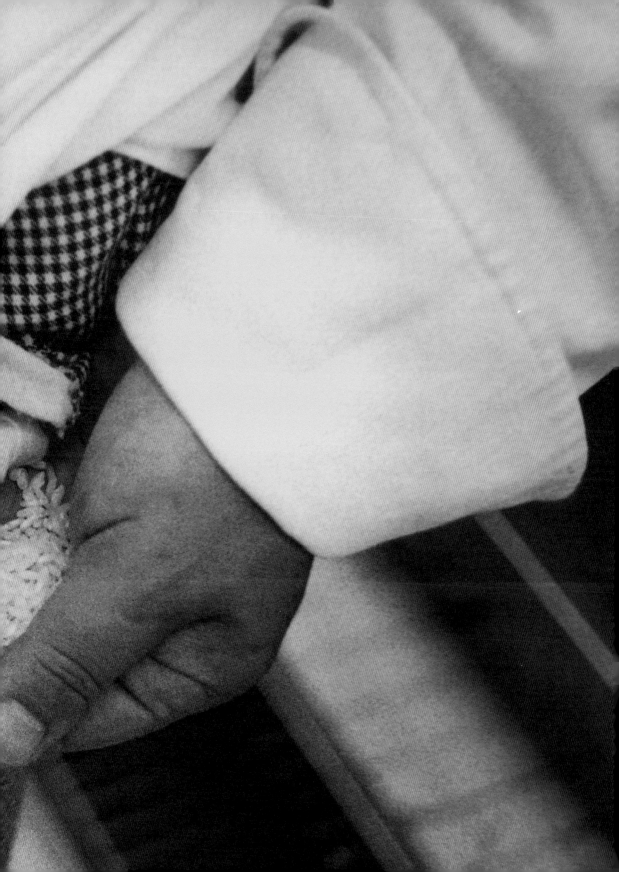

Marineros

Risotto con espárragos y gambas 87

Risotto con lechuga y salmón fresco 89

Risotto con rúcula y gambas 91

Risotto al azafrán con vieiras 93

Risotto mar profundo 95

Risotto con cigalas y endibia 97

Risotto con almejas 99

Risotto con langosta, jengibre y vinagre balsámico 101

Risotto con abadejo y calabacín 103

Risotto con salmón y *mascarpone* 105

Risotto con cangrejo y aguacate 107

Con carne

Risotto con ragú de pato y manzana al curry 109

Risotto con chorizo 111

Risotto con *bresaola* e hinojo 113

Risotto con perdices y *radicchio* 115

Risotto con cordero y berenjenas 117

Risotto con ternera y setas *shiitake* 119

Risotto con *foie-gras* y mostaza 121

Risotto con pollo y puerros 123

Risotto con conejo y piñones 125

Risotto con espinacas, tocino y yuca 127

Caldos y salsas

Pesto de rúcula 128

Caldo de carne 128

Salsa de tomate 128

Caldo de vegetales 128

Caldo de pescado 128

Los mandamientos del buen *risotto*

En Europa oímos hablar mucho de Brasil, de sus problemas, su miseria y su violencia. Sin embargo, también se habla de sus encantos, sus bellas playas, del fútbol convertido en arte por esos sensacionales jugadores, de la octava maravilla que es su carnaval y de la alegría tan típica del pueblo brasileño. Desde muy joven alimenté una gran curiosidad por este país que, observado por los ojos del europeo, se definía con un solo adjetivo: exótico. Me hice la promesa de que un día pasaría mis vacaciones en Brasil, sin saber que el destino me reservaba algo mejor: una propuesta de trabajo, hecha por la familia Fasano, que acepté de inmediato. Durante el vuelo que me trajo a São Paulo sentía, a la vez, preocupación y curiosidad. Al fin y al cabo, no era solamente un cambio de trabajo, sino de ciudad, país y continente...

Hoy en día, después de doce años viviendo en Brasil, estoy convencido de que hice la elección correcta al dejar familia y amigos en Italia, pues debido al progreso y reconocimiento de la cultura gastronómica pude consolidar mi trabajo como *chef* (un trabajo duro, logrado día a día, cuya única recompensa es la sonrisa feliz de un cliente satisfecho).

Al igual que otros *chefs* extranjeros que vinieron a trabajar aquí, estoy convencido de que los últimos diez años han sido fundamentales para el desarrollo de este arte en Brasil, y lo que era un sueño de algunos —como el caso de la familia Fasano—, es hoy una realidad de muchos, gracias a la apertura de las importaciones y al creciente interés por la gastronomía.

Recuerdo que al principio de mi trabajo junto a la familia Fasano era imposible encontrar arroz italiano en Brasil, circunstancia que nos obligaba a traerlo en pocas cantidades en el equipaje de los amigos que volvían de Italia (de ahí surgió el título de la versión original de este libro, *Il riso in tasca*, es decir, arroz en el bolsillo). Hoy en día eso puede incluso parecer gracioso. ¡Vaya progreso!

De este modo introdujimos en Brasil el auténtico *risotto* italiano, y mi mayor satisfacción es oír a un italiano decir que es como si lo estuviera comiendo en Italia. El *risotto* (plato a base de arroz) es completo y versátil, puede ser servido como plato único, después de una ensalada o como guarnición de carnes y pescados. Su versatilidad se hace también evidente en el hecho de que puede servirse en todas las épocas del año, sean frías o calurosas. Y sus ventajas no terminan aquí. Cualquier persona lo puede preparar sin dificultad.

Sin embargo, aunque su preparación es sencilla, he de decir con añoranza que nadie lo prepara tan bien como lo hacía mi *nonna* (abuela) Emma Magrini, que durante toda mi infancia siempre me dedicó una atención especial, preparándome deliciosos platos de *zuppa di riso* —sopa de arroz— y magníficos *risotti* (plural de *risotto*). Todavía puedo sentir el sabor y percibir el aroma que salía de la cocina cuando aquella encantadora mujer del Véneto, canturreando alguna canción en su dialecto, removía con la cuchara de madera lo que se transformaría en la gran alquimia del arroz. A veces pienso que ahora ella debe de estar en el cielo, preparando sus *risotti e zuppe* para todos los ángeles y santos, poniendo a prueba el pecado de la gula...

Dedico este libro especialmente a mi *nonna*, y a todos los amigos y aficionados a mi cocina, a quienes ofrezco esta obra como un regalo sencillo de un humilde italiano que ha aprendido a amar a Brasil. Mi agradecimiento a todos los que han hecho posible la realización de este sueño: Alexandre, Sergio y a todo el equipo de DBA. También agradezco el estímulo que he encontrado en casa, al lado de

mi mujer Fernanda, cuyo cariño y dedicación fueron la base para que yo pudiera consolidar mi profesión, y de mi hija Maria Lídia, que es toda la alegría de mi vida.

Grazie, amore! Grazie, Brasile! Buon appetito!

Luciano Boseggia

JUNIO DE 1997

Armando Coelho Borges

El arroz y el *risotto*

Conocemos el arroz, pero de él sabemos muy poco. Es tan común, tan habitual encontrarlo en nuestra mesa, que investigar su historia es algo del todo innecesario.

Sin embargo, conocerlo es desvelar una saga, es como viajar a Oriente, volver a Occidente, y reconocer las diferencias que se perpetúan desde hace siglos y la lucha del hombre por alimentarse y sobrevivir.

En la investigación sobre el arroz, encontramos algunas curiosidades. En 1949, una película del neorrealismo italiano, *Arroz amargo*, contenía una escena de una gran sensualidad que quedó en el recuerdo de los espectadores para siempre. Muchas generaciones quedaron fascinadas por una actriz principiante, Silvana Mangano. Con 19 años, algo llenita y con piernas esculturales y calcetines negros hasta los muslos, salía del agua como una Venus de los campos de arroz en el valle del Po.

Su personaje era una *mondina* (del latín *mundare*, que significa "limpiar»), una trabajadora pobre que arrancaba las malas hierbas de los arrozales, desbrozaba las plantas maltrechas y cernía el grano.

Recordar las piernas de la actriz al investigar la historia del arroz puede ser atribuido a la imaginación o a la excitación del autor, pero abrir el libro *La historia de los alimentos* y tropezar, entre sus 790 páginas, con una frase que niega que el trabajo en los campos de arroz haya sido fascinante, "como lo sugiere el cine de posguerra», al mostrar las maravillosas piernas de Silvana Mangano (página 156 de la edición inglesa), es demasiado. Deslumbrante exceso imaginativo de la autora, la francesa Maguelone Toussaint-Samat.

Como se puede ver, hay de todo. Estadística, sexo, historia. La búsqueda del arroz es prometedora.

A la derecha: Silvana Mangano en *Arroz amargo* (Farabolafoto, Milán).

El mundo del arroz

Cereal tirano, pero responsable. Ausente de la Biblia, llega con retraso al Occidente del siglo XV. Quién produce más y quién menos.

El arroz surgió al este del Edén. A ello se debe el hecho de que no fuera incluido en la Biblia. Fue cultivado en China y en la India, aproximadamente hacia el 3000 a.C., muy lejos de la tierra prometida donde manaban la leche y la miel.

Su supremacía en Oriente fue tan grande que implantó una dictadura, prevaleciendo respecto a otros alimentos. Permitía poca o ninguna carne. Nada quiso saber de pan ni de leche. Los tubérculos fueron olvidados. Hoy es prácticamente el único alimento para grandes poblaciones asiáticas, que consumen sus subproductos constantemente. Incluso hay vino y aguardiente hechos de arroz.

Fernand Braudel, el gran historiador francés, expuso las ventajas del arroz en Asia: 1. Es necesario poco espacio para su cultivo. 2. Tiene una elevada productividad. 3. Sustenta extensas regiones con alta densidad de población. El bienestar proporcionado por ese cultivo puede no ser continuo, si tenemos en cuenta la miseria y las revueltas campesinas. Sin embargo, la población del arroz sobrevivió a todo eso. Si no, ¿cómo podrían haber logrado ser tantos?

Oriente produjo todo el arroz del mundo durante siglos. Su cultivo no se expandió a Occidente hasta el siglo XV de nuestra era.

Pero no por eso el cuadro parece haber sido alterado. Hoy en día, la producción en Asia —los datos son de 1995— es preponderante, con el 91% del total de la producción mundial, que se cifra en 360 millones de toneladas anuales.

América del Sur ocupa un honroso pero lejano segundo lugar, con un 3,4%. América del Norte y el Caribe producen, juntos, un 2%. El mismo porcentaje es el que tiene África. Europa, la antigua Unión Soviética y Oceanía, individualmente consideradas, no alcanzan el 1% del total mundial.

Algunos números (en tm): Estados Unidos, 6.549.000; Brasil, 7.429.000; México, 170.000; Argentina, 564.000; Uruguay, 535.000; Francia, 70.000; España, 273.000; Portugal, 100.000; Italia, 860.000; Egipto, 2.830.000; Indonesia, 30.315.000; Japón, 10.900.000; Tailandia, 14.100.000; Vietnam, 15.650.000; Corea, 5.060.000; India, 81.600.000; China, 123.151.000.

Dos o tres cosas sobre el cultivo

Civilización creada por el arroz. Sociedad organizada y tecnología. A contar calorías. El área cultivada en el mundo.

El cultivo se inició en tierras de secano, en áreas poco desarrolladas. Sin embargo, hoy se siembra en muchas regiones.

La plantación irrigada, cultivada en tierras bajas, es la más importante. Su inicio se sitúa en el 2000 a.C., y poco a poco se desarrolla una nueva tecnología. Surgen las bombas de riego, hidráulicas o de pedales. Se establecen canales con compuertas. Los arados son arrastrados por búfalos. Por fin, una gran concentración de trabajo y de capital humano. Los sistemas de irrigación generan obras, necesitan vigilancia y garantizan una distribución más justa de la riqueza. Todo esto supone una sociedad más organizada. Donde llegan los arrozales, también llegan la urbanización, la prosperidad, la unión social; en fin: la civilización.

Los campos de arroz, decía Braudel, son como fábricas. Una hectárea de trigo rendía en Francia, en la época de Lavoisier, una media de 500 kilos de grano. En esa misma época, una hectárea de arroz podía rendir 2.100 kilos de ese producto. Las 3.500 calorías por cada kilo de arroz

representan la impresionante cifra de 7.350.000 calorías por hectárea, frente a las 1.500.000 calorías por hectárea de trigo. Asia no eligió el arroz por casualidad.

Su cultivo, hoy en día, ocupa 150 millones de hectáreas; una superficie cinco veces mayor que toda Italia.

Nutrición, arte culinario y gastronomía

«Alimento básico» y arte culinario. Papel de la gastronomía. Arte culinario del arroz en Oriente y Occidente. Platos principales.

¿Cómo se cocinaba el arroz en Asia? Cocido con agua, con los granos apelmazados, para que fuera más fácil cogerlo con los palillos. Incluso ha llegado a ser una especie de pasta. Como el pan en Occidente, el arroz se ha convertido en el alimento básico de Oriente, y es consumido invariable y habitualmente por la población. Pero eso pertenece a la historia de la alimentación, no tiene nada que ver con el arte culinario. Éste es, sobre todo, el arte de modificar, de hacer más atractivo el "alimento básico». La gastronomía es un arte culinario moderno. Con esas distinciones, es posible determinar cuándo concluye la nutrición y cuándo nacen las recetas destinadas a satisfacer los paladares más refinados. En Asia también nació, por la cultura del arroz, un arte culinario cuya base es este cereal. Citaremos algunos ejemplos actuales: la India tiene el *murghi biryani*, un arroz con gallina, vegetales, yogur y especias; Indonesia tiene el *longtong*, un arroz aliñado envuelto en hojas de bananera arrolladas, cocido todo al vapor y cortado luego en rodajas; la sopa trueno china, hecha de arroz con costra, se sirve tan caliente que se pueden ver burbujas. En Japón el *sukiyaki donburi* es un plato de arroz cocido que se sirve entre capas de vegetales, carnes, aliños, varios tipos de setas, tofu, vino dulce de arroz y yema de huevo.

¿Y en Occidente?

Cuando el arroz empezó a ser cultivado a partir del siglo XV, ya era tarde para imponerse como un alimento básico. Otros productos habían conquistado mucho antes las preferencias occidentales.

Con todo, el arroz logró abrirse un espacio culinario en nuestra mesa. La soja, introducida posteriormente, conquistó una mayor importancia económica, pero jamás obtuvo estatus gastronómico en el hemisferio.

En el norte de Europa, el consumo de arroz es mínimo. Y aunque en el sur el consumo es mayor, no llega a ser significativo. Francia, que es una potencia gastronómica, no desarrolló técnicas culinarias en la preparación del arroz, aunque lo cultiva en las tierras bajas de Camarga. En Italia, por el contrario, se encuentra tanto el cultivo como una cocina repleta de recetas con arroz. La Península Ibérica tiene para ese producto un lugar preponderante.

Dejando de lado España e Italia, a las que se citará más adelante, en Occidente el arroz participa poco en los platos principales. Normalmente forma parte de combinaciones y guarniciones. Portugal lo tiene en el arroz con pato, arroz con pulpo, arroz con pollo y en algunos más. En España, las recetas con arroz se sitúan en un segundo plano en razón del dominio de la paella. En Inglaterra el arroz es poco frecuente; cuenta, junto con la India, con el exótico *kedgeree*, un plato a base de pescados (ahumados o no), arroz, huevos cocidos y *curry*, salseado con *mango chutney*. En Estados Unidos están el gumbo y el jambalaya, platos con arroz de Luisiana. En Cuba, "moros y cristianos" es el nombre que recibe la versión del popular plato de alubias con arroz.

Tipos de arroz

Distintas exigencias. Baja productividad y calidad. Razones gastronó-
micas que la propia nutrición desconoce. Investigaciones.

El arroz se digiere muy bien. Es un alimento que se asimila completa-
mente en 60-100 minutos. Su baja cantidad de sodio lo hace recomend-
dable para personas hipertensas.

Existen cerca de ocho mil variedades de arroz (a propósito, el *wild rice*,
"arroz salvaje», no es arroz, sino una raíz acuática). Para nuestra búsqueda, sin embargo, consideraremos solamente dos grandes grupos: el
grupo del arroz japonés, de granos cortos y gelatinosos, y el grupo del
arroz indio, de granos pequeños, medios y largos. Los granos medios y
pequeños son, una vez cocidos, más tiernos y adherentes. Los largos son
más firmes y sueltos.

En materia de alimentación, productividad y mejora genética, el IRRI
(Internacional Rice Research Institute), un centro mantenido por Estados Unidos en Los Baños, Filipinas, es uno de los más activos en las investigaciones sobre el arroz.

En cuanto a la calidad gastronómica, los descubrimientos efectuados en
Vercelli, Italia, son aún más importantes. Éstos muestran que la baja
productividad, lejos de ser un problema, puede resultar decisiva a la ho-
ra de crear un arroz de excepcional calidad. Es el caso del *acquerello*,
de la variedad *carnaroli*, producido por los hermanos Rondolino; conocido como "arroz de autor», se lo disputan los mejores restaurantes del
mundo. En Brasil, este arroz se puede encontrar en el restaurante Fasano, de São Paulo, y en el Francisco, de Brasilia.

La gastronomía, distinta de la agronomía, tiene razones que la propia
nutrición desconoce.

El arroz en España

La palabra arroz y su significado. El arroz y los árabes. Las recetas de arroz en la Península Ibérica. La paella valenciana.

El origen del arroz, según distintos investigadores, parece situarse en el sudeste asiático.

Posiblemente fueron los chinos quienes, con su indiscutible habilidad, empezaron a cultivar el arroz de una forma rudimentaria. En chino, curiosamente, el término que expresa "comida" es el mismo que significa "arroz".

En España, tiene mayor relevancia el papel desempeñado por los árabes en su introducción y cultivo. En efecto, fueron ellos quienes lo introdujeron en Egipto en el siglo IV a.C. y en la costa oriental de África para, posteriormente, llevarlo consigo a Marruecos y España, cuando invadieron la Península Ibérica en el año 711.

De esta forma se implantó en la cuenca mediterránea el cultivo del arroz asiático, y la palabra árabe "ar-rozz" ha permanecido en el vocabulario español a través de los siglos.

Precisamente, el vocablo arroz aparece por primera vez escrito y documentado en castellano en el año 1251 en la traducción del libro *Calila e Dimna*, ordenada por Alfonso X el Sabio.

Poco a poco el arroz empieza a mezclarse con otros alimentos no dulces. Los recetarios europeos medievales y renacentistas ya presentaban platos exquisitos, mezclas de arroz con pechugas de gallina o capón, azúcar, almendras e incluso agua de azahar.

En 1520, la receta del "Arròs en cassola al forn" ("arroz en cazuela al horno") fue publicada en el *Libre del coch*, uno de los tratados de cocina más antiguos de la Península Ibérica. El arroz en cazuela al horno es muy similar al actual arroz con costra.

Las referencias histórico-gastronómicas sobre el arroz van siendo más numerosas a medida que nos acercamos a nuestro tiempo, y la variedad de combinaciones culinarias que este cereal permite hace posible que, a a lo largo de los años, continúe ampliándose su recetario.

En 1238, cuando Jaime I el Conquistador entró en Valencia, los arrozales estaban muy próximos a la ciudad y, para evitar epidemias de paludismo, el rey limitó los cultivos a las zonas cercanas a La Albufera. En la región había abundancia de anguilas, lo cual lleva a pensar que una de las primeras formas de condimentar el arroz puede haber sido con

éstas, y que posiblemente se cociera en una vasija redonda de metal, grande y poco honda. La palabra latina "patella" equivalía a un recipiente de estas características con el que se ofrecían los alimentos en los sacrificios a los dioses. En el siglo XVI, la palabra castellana "paila" designaba un utensilio como el descrito anteriormente, llamado "paele" en francés y "paella" en valenciano antiguo. La paella valenciana es hoy uno de los platos más representativos de la cocina española, dentro y fuera de España. Preparada con aceite de oliva, carne de pollo, conejo y tocino, caracoles, mariscos, verduras, diferentes tipos de judías propias de la región, romero fresco, tomate, pimentón, sal y azafrán, la paella valenciana tiene en sus ingredientes una de las razones de su gran éxito. Con el transcurso de los años, empezó a convertirse en un alimento básico y el campesino lo cocinaba con las verduras que tenía en su huerta. Posteriormente, los caracoles que encontraba entre los aromáticos romeros y tomillos también fueron incluidos en su receta, a la que, en ocasiones especiales, agregaba un conejo o un pato.

A medida que aumentaba el nivel de vida de la gente del campo, el pollo, criado con esmero durante meses, fue incorporado a la receta. De ese modo, con el paso del tiempo, ese plato de arroz empezó a ser conocido fuera del ámbito familiar. Conseguido el equilibrio perfecto que le aportan el arroz, las carnes, las verduras, los caracoles y los aromas de la leña, este plato empezó, a finales del siglo XIX, a ser conocido como "paella valenciana", tomando prestado el nombre del recipiente en que era cocinado y de la región que la vio nacer, hasta hacerse famosa en todo el mundo.

El caso italiano

Lombardía, Piamonte y las demás. Nace el risotto. Técnicas de cocción. Mangano ya no vive aquí. Conclusión.

Llegamos a la patria del *risotto*. La producción arrocera italiana supone solamente un 0,2% del total mundial, un porcentaje pequeño en términos cuantitativos, pero no en lo que se refiere a la cocina en sí; ningún otro país ha dado tanto relieve al arroz.

Existen referencias en Italia que datan del siglo XIII, e incluso anteriores, que atestiguan la presencia del arroz. Su cultivo, sin embargo, no se afirma sino a partir del siglo XV. El arroz, proveniente de África y de Oriente Medio, entró en la península por el sur. En provincias meridionales como Sicilia, el arroz se preparaba —y se prepara aún— al horno. Más al norte, en Lombardía y Piamonte, los campos de arroz prosperan, irrigados. El Estado quiso mantener la exclusividad de esa producción de alta calidad prohibiendo la exportación. Incluso Thomas Jefferson, olvidando su postura de fundador de una nación, contrabandeó saquitos de semillas de arroz para que fueran plantadas en los estados de Carolina del Norte y del Sur.

En la Italia septentrional, la cocina ha seguido un rumbo distinto al del sur. El arroz no se cocina al horno, sino que se cuece dentro de caldos y sopas, que poco a poco se van espesando: el líquido es absorbido, el arroz adquiere volumen y, por fin, cobra vida. *Ecco il risotto!*

La palabra *risotto* proviene del dialecto lombardo-piamontés. Significa "sopa seca", cremosa, que en determinado momento forma una especie de tegumento que liga los granos. Eso es posible debido a la calidad del arroz, que en la ebullición libera suficiente almidón para unirlos. El *brodo* y los jugos son absorbidos, pero los granos no se pasan.

Esta es la gran diferencia respecto a los demás arroces. En eso reside la esencia del *risotto*. Tan sólo el italiano ha cultivado los granos de arroz que, cocidos, absorben los sabores y se unen, sin pegarse. Los demás tipos de arroz, de granos más sueltos, más secos, empapados o ligados, no son apropiados para el verdadero *risotto*.

Mientras en el resto del mundo el arroz cocido se usa, en la mayoría de los casos, como guarnición de platos más importantes, en Italia goza, casi siempre, del estatus de primer plato o de plato principal. En la Estación Experimental del Cultivo del Arroz, en Vercelli, los arroces *originario*, *padano* y *maratelli* son los indicados para la preparación de platos gratinados y sopas. El *ribe*, adecuado para el arroz *pilaf* y las

ensaladas de arroz, se puede cocer y conservarse frío. El *arborio*, que de entre los italianos es el de grano más largo, sirve para todos los tipos de *risotto* y combina bien con queso y mantequilla. El *carnaroli*, de grano más consistente, tiene una gran capacidad de absorción y es el preferido de muchos *gourmets*.

El consumo de arroz en Italia es bastante mayor en el norte que en el sur: 9 kg *per capita* en Lombardía; 7,7 kg en el Véneto; 3,1 kg en Campania; y 2,4 kg en Sicilia.

Hay tantas combinaciones de *risotto* como permita la imaginación de los cocineros. En las recetas italianas, los granos no se lavan previamente. Nada debe reducir la capacidad aglutinante y absorbente del grano. Al rehogar el arroz con cebolla y mantequilla, se remueve constantemente, pero una vez dorado se añade el *brodo*, vertiéndolo muy despacio. Al final, el plato adquiere una consistencia cremosa sin que el grano se deshaga o se disuelva (debe estar *al dente*). Ese es el atributo, tanto del arroz empleado como de la técnica de cocción adoptada, con las mezclas correspondientes y las constantes adiciones de caldo.

Además de los *risottos*, son innumerables las sopas de arroz en la cocina italiana, principalmente en la cocina casera. Y hay muchos otros platos como, por ejemplo, las deliciosas croquetas de arroz (*arancini*, en Sicilia), las insólitas ensaladas de arroz y el *sartu* napolitano (molde con arroz, al horno, con caldo de carne y entreverado con trozos de ternera, higadillo de aves, guisantes, *funghi porcini* —champiñones *porcini*—, salteados en mantequilla y parmesano).

El *chef* italiano Luciano Boseggia, afincado en Brasil, quiso presentar recetas italianas de arroz. El editor Alexandre Dórea tenía el proyecto de publicar un libro de cocina dedicado especialmente al arroz. Así, ambos fueron a Italia, cerca de Vercelli, donde encontraron la atmósfera idónea para producir este libro.

A ellos se unieron Sergio Pagano, fotógrafo italiano a quien se invitó a ilustrar los platos preparados por Luciano, y Flavio Pagano, autor de las fotos en el Piamonte y Lombardía.

Luciano Boseggia preparó cinco recetas de sopas, seis *risotti* clásicos, diez *risotti* con vegetales, once *risotti* marineros y diez *risotti* con carne. En total son 42 platos deliciosos, que afirman y confirman la vitalidad de la cocina septentrional italiana y el talento de ese *chef*, su gran intérprete en tierras brasileñas. Las fotos de esos platos y de su elaboración demuestran el dominio de un arte culinario excepcional.

Pero en los paisajes de las llanuras italianas, donde el cultivo de arroz tiene siglos de antigüedad, se percibe una ausencia. La *mondaine* Silvana Mangano no está presente, pues la mano de obra temporal fue sustituida por las máquinas, allí y en todo el mundo. Sin embargo, si ella permanece en nuestra memoria, es porque ya pertenece definitivamente a la historia del arroz.

Historia que registra la creencia del hombre en el poder de la espiga y de los granos de arroz, conocidos como portadores de la paz y de la prosperidad, símbolos de la felicidad y de la fertilidad.

Historia que habla del esfuerzo y la habilidad del hombre para alimentarse, pero que describe también su imaginación inventiva al servicio de la gula, siempre listo para cambiar indulgencias por recetas admirables.

En la cocina

Las sopas

Sopa

Ponga las judías blancas y rojas en remojo
la noche anterior, y la cebada,
entre 4 y 5 horas. Escurra. Rehogue la cebolla
y el tocino en aceite unos minutos. Añada
entonces las alubias y el caldo de vegetales.
Deje cocer las judías hasta que estén
tiernas. Salpimente.
Añada el arroz y deje cocer de
16 a 17 minutos. Sirva la sopa,
espolvoree el queso y
rocíe con aceite.

**Para 4-6
personas**

100 g de judías blancas
100 g de judías rojas
100 g de cebada
1 cebolla mediana picada
80 g de tocino en trozos
4 cucharadas de aceite
100g de judías frescas
2 litros de caldo de vegetales
(receta en la pág. 128)
sal y pimienta molida
150 g de arroz *arborio*
100 g de parmesano rallado

le arroz,
cebada y judías

Sopa de arroz

gallina, remolacha y escarola

Para 4-6 personas

¹/₂ gallina o pollo en trozos

50 g de cebolla, zanahoria y apio picados

2 litros de agua

200 g de arroz *arborio*

00 de remolacha cocida

00 g de escarola picada

sal y pimienta molida

0 g de parmesano rallado

Cueza la gallina, la cebolla, la zanahoria
y el perejil en 2 litros de agua. Retire
del fuego y pase el caldo por el colador.
Trocee la gallina o el pollo y reserve.
Ponga a cocer el caldo. Agregue el arroz
y deje cocer 12 minutos más. Añada
entonces la remolacha cortada en tiras
y la escarola. Salpimente. Retire del fuego
y espolvoree con parmesano rallado.

Sopa de arroz

Para 4-6 personas

150 g de tocino en trozos

200 g de patata cortada en dados

150 g de puerro en rodajas (sólo la parte blanca)

$^1/_2$ cebolla mediana picada

2 litros de caldo de carne (receta en la pág. 128)

200 g de arroz *arborio*

150 g de espinacas cocidas y picadas

sal

100 g de parmesano rallado

pimienta recién molida

patata, puerros y tocino

Fría el tocino. Añada la patata, el puerro y la cebolla. Rehogue unos minutos más. Eche al rehogado el caldo de carne y el arroz y deje cocer de 16 a 18 minutos. Cuando esté casi en su punto, añada las espinacas. Sazone con pimienta. Espolvoree el parmesano rallado y la pimienta por encima. Sirva enseguida.

Sopa de

arroz, langostinos y espárragos

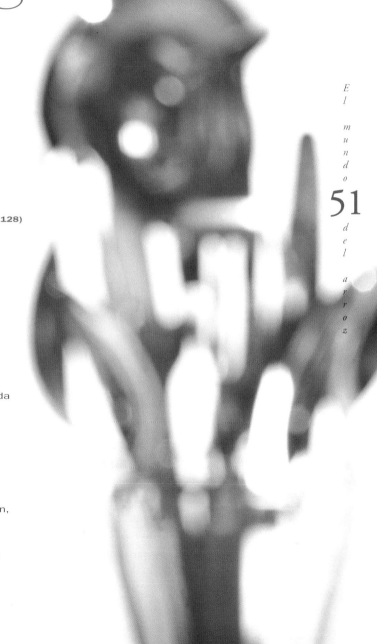

Para 4-6 personas

100 g de lentejas

1 cucharada de cebolla picada

1 cucharada de aceite

$^1/_4$ vaso de vino blanco

2 litros de caldo de pescado (receta en la pág. 128)

150 g de arroz *arborio*

200 g de puntas de espárragos en trozos

200 g de langostinos limpios en trozos

pimienta recién molida

Deje las lentejas en remojo entre 4 y 5 horas. Rehogue la cebolla en aceite. Añada las lentejas, el vino blanco y el caldo de pescado. Tape la sartén y deje cocer a fuego lento de 12 a 14 minutos. Añada entonces el arroz y los espárragos y deje cocer unos 5 minutos más. A continuación, agregue los langostinos y deje cocer 4 minutos más. Retire del fuego y sazone con pimienta.

Sopa a la

Rehogue la cebolla, el tocino y la salvia en aceite unos minutos.

Añada las judías, la zanahoria, el calabacín, la espinaca, el

apio y la patata. Eche el agua y la salsa de tomate a la sartén.

Salpimente. Tape la sartén y deje cocer a fuego lento durante

$2 \frac{1}{2}$ horas. Retire las patatas, tritúrelas con un tenedor y

échelas de nuevo a la sopa. Añada los guisantes y el arroz

y deje cocer de 15 a 17 minutos. Añada al caldo la albahaca.

Retire del fuego. Cuando esté a punto de servir, espolvoree

con abundante parmesano rallado.

milanesa

Para 4-6 personas

1 cebolla mediana rallada

100 g de tocino en tiritas

4 hojas de salvia

2 cucharadas de aceite

100 g de judías frescas

100 g de zanahorias en dados

100 g de calabacín en dados

80 g de espinacas picadas

100 g de apio picado

200 g de patatas

3 litros de agua

200 g de salsa de tomate

(receta en la pág. 128)

sal y pimienta molida

100 g de guisantes frescos

200 g de arroz *arborio*

10 hojas de albahaca

200 g de parmesano rallado

Arroces clásicos

Risotto

400 g de calamares

1 ¹/₂ litros de caldo de pescado

(receta en la pág. 128)

1 cucharada de cebolla picada

1 cucharada de aceite de oliva

4 cucharadas de mantequilla

380 g de arroz *vialone nano*

¹/₂ vaso de vino blanco seco

2 cucharadas de parmesano rallado

Limpie los calamares, reservando la tinta, y córtelos en rodajas. Bata la tinta con un poco de caldo de pescado en la licuadora. Ponga aceite y la mitad de la mantequilla en una sartén y rehogue la cebolla. Añada las rodajas de calamar y deje rehogar unos minutos más. Añada entonces el arroz y deje rehogar un poco más. Vierta el vino blanco y deje a fuego vivo hasta que se reduzca el líquido. Añada el caldo de pescado cuando esté a punto de hervir. Deje cocer de 16 a 17 minutos, removiendo de vez en cuando (añada más caldo si el arroz se seca demasiado). Cuando esté casi en su punto, añada la tinta de los calamares. Retire del fuego. Añada la mantequilla restante y el parmesano rallado. Mezcle bien y sirva enseguida.

El mundo

57

del arroz

con calamares

Risotto con

Para 4 personas

60 g de champiñones *porcini* secos

1 cucharada de cebolla picada

4 cucharadas de mantequilla

380 g de arroz *vialone nano*

$^1/_2$ vaso de vino blanco seco

1 $^1/_2$ litros de caldo de carne (receta en la pág. 128)

6 cucharadas de parmesano rallado

champiñones

Remoje los champiñones *porcini* en
agua tibia durante 20 minutos para
que se ablanden. Ponga la mitad de la
mantequilla en una sartén y rehogue
la cebolla. Añada el arroz y los
champiñones escurridos y picados
y deje rehogar unos minutos más. Vierta
entonces el vino blanco y deje que el
líquido se evapore a fuego vivo. Añada el
caldo de carne cuando esté casi a punto
de hervir. Deje cocer de 16 a 17
minutos, removiendo de vez en cuando
(añada más caldo si el arroz se seca
demasiado). Retire la sartén del fuego.
Añada la mantequilla restante y
el parmesano rallado. Mezcle bien los
ingredientes y sirva enseguida.

Risotto

Para 4 personas

$^1/_2$ cucharada de cebolla picada

5 cucharadas de mantequilla

380 g de arroz *carnaroli*

$^1/_2$ vaso de vino blanco seco

1 $^1/_2$ litros de caldo de carne (receta en la pág. 128)

6 cucharadas de parmesano rallado

a la parmesana

Ponga la mitad de la mantequilla en una sartén y rehogue la cebolla. Añada el arroz y rehogue unos minutos más. Vierta entonces el vino blanco y deje que se evapore a fuego vivo. Cuando rompa de nuevo el hervor, añada el caldo de carne. Deje cocer de 16 a 17 minutos, removiendo de vez en cuando (añada más caldo a medida que se seque el arroz). Añada la mantequilla restante y el parmesano. Mezcle bien los ingredientes y sirva enseguida.

Risotto

Para 4 personas

1 cucharada de cebolla picada

4 cucharadas de mantequilla

380 g de arroz *carnaroli*

$^1/_2$ vaso de vino blanco seco

1 $^1/_2$ litros de caldo de carne (receta en la pág. 128)

3 sobres de azafrán italiano

4 cucharadas de parmesano rallado

a la milanesa

Ponga la mitad de la mantequilla en una sartén y rehogue la cebolla. Añada el arroz y rehogue unos minutos. Agregue el vino blanco y deje que se evapore a fuego vivo. Cuando rompa de nuevo el hervor, vierta el caldo de carne y remueva de vez en cuando (añada más caldo si el arroz se seca demasiado). Disuelva el azafrán en un poco de caldo y pasados unos 10 minutos, añádalo al arroz. Remueva durante unos 6 ó 7 minutos. Retire del fuego y añada la mantequilla restante y el parmesano rallado. Mezcle bien los ingredientes y sirva enseguida.

Risotto

Para 4 personas

200 g de verduras (espárragos, calabacín,

espinacas, pimiento rojo y amarillo)

2 cucharadas de cebolla picada

4 cucharadas de mantequilla

380 g de arroz *vianoli nano*

$^1/_4$ vaso de vino blanco seco

1 $^1/_2$ litros de caldo de vegetales

(receta en la pág. 128)

4 cucharadas de

parmesano rallado

primavera

Rehogue en 1 cucharada de mantequilla los vegetales y

la mitad de la cebolla. Reserve. Rehogue el resto de la

cebolla en 1 $^1/_2$ cucharadas de mantequilla. Añada el

arroz y rehogue unos minutos más. Vierta el vino

blanco y deje evaporar a fuego vivo. Añada el caldo

de vegetales cuando esté casi a punto de hervir,

removiendo de vez en cuando (agregue más

caldo a medida que se seque el arroz).

Pasados unos 10 minutos, añada los

vegetales y deje cocer de 6 a 7 minutos.

Retire del fuego. Añada el resto de la

mantequilla y el parmesano rallado.

Mezcle bien los ingredientes y sirva

enseguida.

Risotto

al salto"

Para 4 personas

1 cucharada de mantequilla

1 cucharada de aceite

380 g de *risotto* a la milanesa (receta en la pág. 63)

1 loncha de *mozzarella* de búfala

2 tomates sin piel en dados

20 hojas de albahaca

Derrita la mantequilla y el aceite en una sartén. Añada el *risotto* a la milanesa cuando el aceite esté bien caliente, y espárzalo para darle la forma de una tortilla de 1 cm de espesor. Dore ambos lados, presionándolos ligeramente. Decore con la *mozzarella*, el tomate y la albahaca. Rocíe con el aceite.

Risotto al

Para 4 personas

1 cucharada de cebolla picada

4 cucharadas de mantequilla

380 g de arroz *carnaroli*

$^1/_2$ vaso de vino blanco seco

1 $^1/_2$ litros de caldo de vegetales (receta pág. 128)

100 g de guisantes cocidos

200 g de *gorgonzola* en trozos

2 cucharadas de parmesano rallado

Dore la cebolla con la mitad de la mantequilla. Añada el arroz y rehogue algunos minutos. Agregue el vino blanco y deje evaporar a fuego vivo. Añada el caldo de vegetales, poco a poco, cuando rompa de nuevo el hervor. Deje cocer de 16 a 17 minutos, removiendo de vez en cuando (añada más caldo a medida que se seque el arroz). Retire del fuego. Añada los guisantes, el *gorgonzola*, la mantequilla restante y el parmesano rallado. Mezcle bien los ingredientes y sirva enseguida.

gorgonzola con guisantes

Risotto con taleggio

y apio

Para 4 personas

100 g de apio (la parte central)

1 ¹/₂ litros de caldo de vegetales

(receta en la pág. 128)

1 cucharada de cebolla picada

4 cucharadas de mantequilla

380 g de arroz *carnaroli*

¹/₂ vaso de de vino blanco seco

200 g de *taleggio* (queso italiano) en trozos

2 cucharadas de parmesano rallado

Deje cocer el apio en un poco de caldo de vegetales, hasta que se ablande. Bata en la licuadora y reserve. Dore la cebolla con la mitad de la mantequilla. Añada el arroz y rehogue durante algunos minutos. Vierta el vino blanco al rehogado y deje reducir a fuego vivo. Añada el caldo de vegetales cuando arranque de nuevo el hervor. Deje cocer de 16 a 17 minutos, removiendo de vez en cuando (añada más caldo si el arroz se seca demasiado). Retire del fuego. Añada la crema de apio, el *taleggio*, la mantequilla restante y el parmesano rallado. Mezcle bien y sirva enseguida.

Risotto con brécol y queso de cabra

Para 4 personas

2 cucharadas de cebolla picada

4 cucharadas de mantequilla

380 g de arroz *carnaroli*

$^1/_2$ vaso de vino blanco seco

1 $^1/_2$ litro de caldo de vegetales

(receta pág. 128)

200 g de brécol cocido (sólo la flor)

200 g de queso de cabra en dados

2 cucharadas de parmesano rallado

Dore la cebolla con la mitad de la mantequilla. Añada el arroz y rehogue algunos minutos. Vierta el vino blanco en el rehogado y deje evaporar a fuego vivo. Añada el caldo de vegetales cuando rompa de nuevo el hervor. Deje cocer de 16 a 17 minutos, removiendo de vez en cuando (añada más caldo a medida que se seque el arroz). Retire del fuego. Añada el brécol, el queso de cabra, la mantequilla restante y el parmesano rallado. Mezcle bien y sirva enseguida.

Risotto con calabaza, *taioba* y *amaretto*

Para 4 personas

150 g de calabaza japonesa en dados

150 g de *taioba* (aro, planta arácea de raíz tuberculosa) cortada en juliana

5 cucharadas de mantequilla

1 cucharada de cebolla picada

80 g de cebollino picado

380 g de arroz *carnaroli*

$^1/_2$ vaso de vino blanco seco

1 $^1/_2$ litro de caldo de vegetales

(ver receta en la pág. 128)

80 g de galletas *amaretto* trituradas

4 cucharadas de parmesano rallado

2 pizcas de nuez moscada

Rehogue la calabaza y la *taioba* con una cucharada de mantequilla hasta que la calabaza esté blanda. Reserve. Dore la cebolla con dos cucharadas de mantequilla. Añada el arroz y rehogue algunos minutos. Vierta el vino blanco y deje evaporar a fuego vivo. Añada el caldo de vegetales poco a poco cuando rompa de nuevo el hervor. Deje cocer de 16 a 17 minutos, removiendo de vez en cuando (añada más caldo si el arroz se seca demasiado). Retire del fuego. Añada la calabaza, la *taioba*, las galletas, la mantequilla restante y el parmesano. Mezcle bien. Espolvoree con nuez moscada y sirva enseguida.

Risotto con tomate

mozzarella

Para 4 personas

1 cucharada de cebolla picada

4 cucharadas de mantequilla

380 g de arroz *carnaroli*

$^1/_2$ vaso de vino blanco seco

1 $^1/_2$ litros de caldo de vegetales

(receta en la pág. 128)

200 g de *mozzarella* en dados

200 g de tomates picados sin piel ni semillas

20 hojas de albahaca

2 cucharadas de parmesano rallado

Dore la cebolla con la mitad de la
mantequilla. Añada el arroz y rehogue
algunos minutos. Vierta el vino blanco en
el rehogado y deje evaporar a fuego vivo.
Añada el caldo de vegetales, poco a poco,
cuando rompa de nuevo el hervor. Deje
cocer de 16 a 17 minutos, removiendo de
vez en cuando (añada más caldo a medida
que se seque el arroz). Cuando el arroz esté
cocido, añada la *mozzarella* y el tomate.
Retire del fuego. Añada entonces la albahaca,
la mantequilla restante y el parmesano rallado
Mezcle bien y sirva enseguida.

y albahaca

Risotto con escarola y pimientos

Rehogue los pimientos con aceite durante algunos minutos. Añada la escarola y las anchoas. Reserve. Dore la cebolla con la mitad de la mantequilla. Añada el arroz y rehogue algunos minutos. Agregue el Martini al rehogado y deje evaporar a fuego vivo. Añada lentamente el caldo de vegetales cuando rompa de nuevo el hervor. Deje cocer 10 minutos, removiendo de vez en cuando (añada más caldo si el arroz se seca demasiado). Agregue los pimientos, la escarola y las anchoas al arroz y deje cocer de 6 a 7 minutos más. Retire del fuego. Añada entonces la mantequilla restante y el parmesano rallado. Mezcle bien y sirva enseguida.

y anchoas

Para 4 personas

100 g de pimientos rojos sin piel en tiras

100 g de pimientos amarillos sin piel en tiras

2 cucharadas de aceite extra virgen

140 g de escarola picada

80 g de anchoas sin aceite

1 cucharada de cebolla picada

2 cucharadas de mantequilla

380 g de arroz *carnaroli*

$^1/_4$ vaso de Martini seco

1 $^1/_2$ litro de caldo de vegetales (receta pág. 128)

4 cucharadas de parmesano rallado

Risotto con berros

Para 4 personas

1 cucharada de cebolla picada

2 cucharadas de mantequilla

380 g de arroz *carnaroli*

$^1/_2$ vaso de vino blanco seco

1 $^1/_2$ litros de caldo de vegetales (receta en la pág. 128)

260 g de berros picados

200 g de *ricotta* ahumada rallada gruesa

$^1/_2$ guindilla fresca en rodajas

2 cucharadas de parmesano rallado

Dore la cebolla con la mitad de la mantequilla. Añada el arroz y rehogue algunos minutos. Vierta el vino blanco en el rehogado y deje evaporar a fuego vivo. Añada lentamente el caldo de vegetales cuando rompa de nuevo el hervor. Deje cocer de 16 a 17 minutos, removiendo de vez en cuando (añada más caldo si el arroz se seca demasiado). Retire del fuego. Añada los berros, la *ricotta*, la guindilla, la mantequilla restante y el parmesano rallado. Mezcle bien y sirva enseguida.

Risotto con
tomate seco

Para 4 personas

150 g de endibias cortadas

en tiras largas

100 g de tomates secos en trozos

1 cucharada de aceite

$^1/_2$ vaso de vino blanco seco

1 cucharada de cebolla picada

3 cucharadas de mantequilla

380 g de arroz *carnaroli*

1 $^1/_2$ litros de caldo de vegetales

(receta en la pág. 128)

150 g de queso semicurado rallado

2 cucharadas pequeñas de pimienta verde

2 cucharadas de parmesano rallado

ndibias y pimienta

Rehogue las endibias y los tomates secos
con el aceite. Añada un poco del vino blanco,
deje evaporar y reserve. Dore la cebolla con
la mitad de la mantequilla. Añada el arroz
y rehogue algunos minutos. Vierta el resto
del vino blanco en el rehogado y deje
evaporar a fuego vivo. Añada el caldo de
vegetales cuando rompa de nuevo el hervor.
Deje cocer de 16 a 17 minutos, removiendo
de vez en cuando (añada más caldo a
medida que se seque el arroz). Retire del
fuego. Añada las endibias, los tomates
secos, el queso semicurado, la pimienta
verde, la mantequilla restante y el
parmesano rallado. Mezcle bien y sirva
enseguida.

Risotto

a las finas hierbas

Para 4 personas

1 cucharada de cebolla picada

2 cucharadas de aceite

2 cucharadas de mantequilla

380 g de arroz *carnaroli*

$^1/_2$ vaso de vino blanco seco

1 $^1/_2$ litros de caldo de vegetales

(ver receta en la pág. 128)

100 g de finas hierbas (tomillo, salvia,

estragón, albahaca verde y lila,

mejorana, romero)

2 cucharadas de parmesano rallado

Dore la cebolla con la mitad de la mantequilla. Añada el arroz y rehogue algunos minutos. Vierta el vino blanco en el rehogado y deje evaporar a fuego vivo. Añada lentamente el caldo de vegetales cuando rompa de nuevo el hervor. Deje cocer de 16 a 17 minutos, removiendo de vez en cuando (añada más caldo si el arroz se seca demasiado). Retire del fuego. Añada las finas hierbas, la mantequilla restante y el parmesano rallado. Mezcle bien y sirva enseguida.

Risotto con alcachofas y espárragos

Retire la piel de los espárragos (excepto la de las puntas), deseche la parte más dura del tallo. Separe las puntas y corte lo demás en rodajas. Dore la cebolla con el aceite y la mitad de la mantequilla. Añada las rodajas y la alcachofa y rehogue unos minutos. Añada el arroz y rehogue un poco más. Vierta el vino blanco en el rehogado y deje evaporar a fuego vivo. Vierta el caldo de vegetales cuando rompa el hervor.

Deje cocer unos 12 minutos, removiendo de vez en cuando (añada más caldo si el arroz se seca demasiado). Añada las puntas de los espárragos y deje cocer otros 4 ó 5 minutos. Retire del fuego. Añada la mantequilla restante y el parmesano rallado. Mezcle bien y sirva enseguida.

Para 4 personas

200 g de espárragos

1 cucharada de cebolla picada

2 cucharadas de aceite

3 cucharadas de mantequilla

2 alcachofas en trozos

380 g de arroz *carnaroli*

$^1/_2$ vaso de vino blanco seco

1 $^1/_2$ litros de caldo de vegetales

(receta en la pág. 128)

4 cucharadas de parmesano rallado

espárragos

y gambas

Para 4 personas

Retire la piel de los espárragos (excepto la de las puntas) y deseche la parte más dura del tallo. Separe las puntas y corte lo demás en rodajas. Dore la cebolla con el aceite y la mitad de la mantequilla. Añada las rodajas de espárragos y rehogue unos minutos. Agregue el arroz y déjelo unos minutos más. Vierta el vino blanco en el rehogado y deje evaporar a fuego vivo. Añada el caldo de pescado, poco a poco, cuando rompa el hervor y remueva de vez en cuando (añada más caldo a medida que se seque el arroz). Pasados unos 10 minutos, añada las gambas y las puntas de los espárragos y deje cocer otros 6 ó 7 minutos. Retire del fuego. Añada la mantequilla restante y el parmesano rallado. Mezcle bien y sirva enseguida.

400 g de espárragos frescos

1 cucharada de cebolla picada

2 cucharadas de aceite

3 cucharadas de mantequilla

380 g de arroz *carnaroli*

$1/2$ vaso de vino blanco seco

1 $1/2$ litros de caldo de pescado

(receta en la pág. 128)

300 g de gambas grandes limpias

en trozos

2 cucharadas de parmesano rallado

Risotto con lechuga

Para 4 personas

2 lechugas lisas

1 $\frac{1}{2}$ litros de caldo de pescado (receta en la pág. 128)

1 cucharada de cebolla picada

3 cucharadas de mantequilla

380 g de arroz *carnaroli*

$\frac{1}{2}$ vaso de vino blanco seco

280 g de salmón fresco en trozos

2 cucharadas de parmesano rallado

y salmón fresco

Rehogue las hojas grandes de las lechugas con $\frac{1}{4}$ vaso de
caldo de pescado y a continuación bata la mezcla en la
licuadora hasta obtener una crema. Corte el resto de las
lechugas en tiras muy finas. Dore la cebolla con el aceite
y la mitad de la mantequilla. Añada el arroz y rehogue durante
unos minutos. Agregue el vino blanco y deje evaporar a fuego
vivo. Vierta lentamente el caldo de pescado cuando rompa
el hervor y remueva de vez en cuando (añada más caldo si el
arroz se seca demasiado). Pasados unos 12 minutos,
añada el salmón y la crema de lechuga. Deje cocer unos
4 ó 5 minutos más. Retire del fuego. Añada la lechuga,
la mantequilla restante y el parmesano rallado.
Mezcle bien y sirva enseguida.

Para 4 personas

300 g de gambas grandes limpias en trozos

3 cucharadas de mantequilla

2 cucharadas de aceite de oliva

$^1/_2$ vaso de vino blanco seco

1 cucharada de cebolla picada

380 g de arroz *carnaroli*

1 $^1/_2$ litros de caldo de pescado

(receta en la pág. 128)

2 cucharadas de pesto de rúcula

(receta en la pág. 128)

2 cucharadas de parmesano rallado

Rehogue las gambas con 1 cucharada de mantequilla y

1 cucharada de aceite. Añada un poco de vino blanco.

Retire del fuego y reserve. Dore la cebolla con el

aceite y la mantequilla restante. Añada el arroz y

rehogue unos minutos más. Agregue el vino blanco

restante y deje evaporar a fuego vivo. Vierta el

caldo de pescado cuando rompa el hervor y

remueva de vez en cuando (añada más caldo

si el arroz se seca demasiado). Pasados

unos 14 minutos, añada las gambas. Deje cocer

otros 3 ó 4 minutos. Retire del fuego. Añada el

pesto de rúcula y el parmesano rallado. Mezcle

bien y sirva enseguida.

Risotto a...

Para 4 personas

400 g de vieiras con sus conchas

3 cucharadas de aceite de oliva

3 cucharadas de mantequilla

6 g de azafrán en hebras (español)

$^1/_2$ vaso de vino blanco seco

1 cucharada de cebolla picada

380 g de arroz *carnaroli*

1 $^1/_2$ litros de caldo de pescado (receta en la pág. 128)

2 cucharadas de parmesano rallado

azafrán
con vieiras

Rehogue las vieiras con 2 cucharadas de aceite y un poco de mantequilla durante algunos minutos. Añada el azafrán y una pequeña cantidad de vino blanco y rehogue unos minutos más. Retire del fuego y reserve. Dore la cebolla con el aceite restante y la mitad de la mantequilla. Añada el arroz y rehogue algunos minutos. Agregue el vino blanco y deje que se evapore a fuego vivo. Vierta el caldo de pescado cuando rompa el hervor, removiendo de vez en cuando (añada más caldo a medida que se seque el arroz). Cuando esté casi en su punto (pasados unos 16 ó 18 minutos), añada las vieiras y deje cocer unos minutos más. Retire del fuego. Añada la mantequilla restante y el parmesano. Mezcle bien y sirva enseguida.

Risotto

Para 4 personas

100 g de calamares en trozos

3 cucharadas de aceite

200 g de gambas grandes limpias en trozos

100 g de langosta en trozos

100 g de cigala en trozos

100 g de vieiras

$^1/_2$ vaso de vino blanco seco

2 cucharadas de salsa de tomate

(receta en la pág. 128)

1 cucharada de cebolla picada

2 cucharadas de mantequilla

380 g de arroz *carnaroli*

1 $^1/_2$ litros de caldo de pescado (receta en la pág. 128)

1 cucharada de perejil picado

2 cucharadas de parmesano rallado

nar profundo

Rehogue los calamares con la mitad del aceite durante unos minutos. Añada las gambas, la langosta, la cigala y las vieiras y deje rehogar un poco más. Agregue la mitad del vino blanco y la salsa de tomate. Tape la sartén y deje cocer. Reserve. Dore la cebolla con la mitad de la mantequilla. Añada el arroz y rehogue algunos minutos. Agregue el vino blanco restante y deje evaporar a fuego vivo. Vierta el caldo de pescado cuando rompa el hervor, removiendo de vez en cuando (añada más caldo si el arroz se seca demasiado). Pasados unos 12 minutos, añada los mariscos. Deje cocer otros 4 ó 5 minutos. Retire del fuego. Añada el perejil picado, la mantequilla restante y el parmesano rallado. Mezcle bien y sirva enseguida.

Risotto con cigalas

Para 4 personas

1 cucharada de cebolla picada

2 cucharadas de aceite extra virgen

4 cucharadas de mantequilla

380 g de arroz *carnaroli*

$^1/_2$ vaso de vino blanco seco

1 $^1/_2$ litros de caldo de pescado (receta en la pág. 128)

2 cigalas (de 600 g cada una) en trozos

200 g de endibia en trozos

2 cucharadas de parmesano rallado

endibia

Dore la cebolla con el aceite y la
mitad de la mantequilla. Añada el
arroz y rehogue algunos minutos.
Agregue el vino blanco y deje
evaporar a fuego vivo. Vierta el caldo
de pescado cuando rompa el hervor,
removiendo de vez en cuando (añada
más caldo si el arroz se seca
demasiado). Pasados unos 10 minutos,
añada las cigalas y las endibias. Deje cocer
otros 6 ó 7 minutos. Retire del fuego.
Añada la mantequilla restante y el parmesano
rallado. Mezcle bien y sirva enseguida.

con almejas

Para 4 personas

2 dientes de ajo majados

6 cucharadas de aceite de oliva

1 kg de almejas bien lavadas

1 cucharada de cebolla picada

2 cucharadas de mantequilla

380 g de arroz *carnaroli*

$^1/_2$ vaso de vino blanco seco

1 $^1/_4$ litros de caldo de pescado

(receta en la pág. 128)

2 cucharadas de perejil picado

Dore los ajos con la mitad del aceite. Añada las almejas, baje el fuego y tape la sartén. Espere hasta que las conchas se abran. Remueva de vez en cuando. Retire del fuego y separe las almejas de sus conchas. Pase el caldo por un colador y resérvelo. Dore la cebolla con un poco del aceite y la mitad de la mantequilla. Añada el arroz y rehogue algunos minutos. Agregue el vino blanco y deje evaporar a fuego vivo. Vierta el caldo de pescado cuando rompa el hervor y remueva de vez en cuando (añada más caldo a medida que se seque el arroz). Pasados unos 15 minutos, añada las almejas y el caldo reservado. Deje cocer otros 2 ó 3 minutos. Retire del fuego. Añada el perejil y el aceite restante. Mezcle bien y sirva enseguida.

Risotto con

angosta, jengibre
y vinagre balsámico

Rehogue la langosta con 1 cucharada de mantequilla y la mitad del aceite. Añada las judías tiernas, la mitad del vino blanco y el jengibre. Tape la sartén y deje cocer unos minutos. Reserve. Dore la cebolla con una cucharada de mantequilla y el aceite restante. Añada el arroz y rehogue algunos minutos. Agregue el vino blanco y deje evaporar a fuego vivo. Vierta el caldo de pescado cuando rompa el hervor y remueva de vez en cuando (añada más caldo si el arroz se seca demasiado). Pasados unos 12 minutos, añada el rehogado de langosta. Deje cocer otros 4 ó 5 minutos. Retire del fuego. Añada la mantequilla restante y el parmesano rallado. Mezcle bien y sirva enseguida. Rocíe con el vinagre balsámico.

Para 4 personas

500 g de langosta limpia en trozos

3 cucharadas de mantequilla

3 cucharadas de aceite de oliva

100 g de judías tiernas

$^1/_2$ vaso de vino blanco seco

1 cucharada de jengibre rallado

1 cucharada de cebolla picada

380 g de arroz *carnaroli*

1 $^1/_2$ litros de caldo de pescado

(receta en la pág. 128)

2 cucharadas de parmesano rallado

3 cucha-radas de vinagre balsámico

Risotto con abadejo

Para 4 personas

300 g de abadejo

1 litro de agua

$^1/_2$ litro de leche

100 g de calabacín verde en juliana

100 g de calabacín amarillo en juliana

2 $^1/_2$ cucharadas de mantequilla

2 cucharadas de aceite de oliva

$^1/_2$ vaso de vino blanco seco

1 cucharada de cebolla picada

380 g de arroz *carnaroli*

1 $^1/_2$ litros de caldo de pescado

(receta en la pág. 128)

$^1/_4$ de vaso de nata fresca

2 cucharadas de parmesano rallado

Ponga a cocer el abadejo en 1 litro de agua y $^1/_2$ litro de leche durante 5 minutos. Escurra y corte en tiras. Reserve. Rehogue los calabacines con $^1/_2$ cucharada de mantequilla y la mitad del aceite. Añada un poco de vino blanco y deje evaporar. Dore la cebolla con el aceite restante y la mitad de la mantequilla. Añada el arroz y rehogue algunos minutos más. Agregue el vino blanco y deje que se evapore a fuego vivo. Vierta el caldo de pescado cuando rompa el hervor y remueva de vez en cuando (añada más caldo si el arroz se seca demasiado). Pasados unos 13 minutos, añada el abadejo, los calabacines y la nata. Remueva durante 3 ó 4 minutos. Retire del fuego. Añada la mantequilla restante y el parmesano rallado. Mezcle bien y sirva enseguida.

y calabacín

Risotto con

salmón y *mascarpone*

Para 4 personas

1 cucharada de cebolla picada

2 cucharadas de mantequilla

2 cucharadas de aceite de oliva

200 g de salmón ahumado en tiras

$^1/_4$ vaso de vodka

380 g de arroz carnaroli

1 $^1/_2$ litros de caldo de pescado (receta en la pág. 128)

200 g de queso *mascarpone*

2 cucharadas de caviar

1 cucharada de cebollino picado

Dore $^1/_2$ cucharada de cebolla con un poco de mantequilla y la mitad del aceite. Añada el salmón ahumado y flambee con el vodka. Reserve. Dore la cebolla restante con la mitad de la mantequilla y el aceite restante. Añada el arroz y rehogue unos minutos. Vierta el caldo de pescado cuando esté a punto de hervir. Deje cocer unos 17 ó 18 minutos, removiendo de vez en cuando (añada más caldo a medida que se seque el arroz). Retire del fuego. Añada el salmón y el *mascarpone.* Remueva ligeramente. Sirva enseguida. Espolvoree con el caviar y el cebollino.

Risotto co

Para 4 personas

1 cucharada de cebolla picada

2 cucharadas de aceite de oliva

2 cucharadas de mantequilla

380 g de arroz *carnaroli*

$^1/_2$ vaso de *prosecco* (champán italiano)

1 $^1/_2$ litros de caldo de pescado (receta en la pág. 128)

300 g de cangrejo o centollo precocinado

y desmenuzado

1 aguacate mediano en bolitas

2 cucharadas de parmesano rallado

Dore la cebolla con el aceite y la mitad
de la mantequilla. Añada el arroz y rehogue
algunos minutos. Agregue el *prosecco* y deje
evaporar a fuego vivo. Vierta el caldo de
pescado cuando rompa el hervor. Deje cocer de
16 a 17 minutos, removiendo de vez en cuando
(añada más caldo si el arroz se seca
demasiado). Retire del fuego. Añada la
mantequilla restante, el cangrejo, parte del
aguacate y el parmesano rallado. Remueva
ligeramente. Decore con algunas bolitas de
aguacate. Sirva enseguida.

Risotto con ragú de pato y

Para 4 personas

$^1/_2$ pato mediano

1 vaso de vino tinto

50 g de apio picado

50 g de cebolla picada, 50 g de zanahoria picada

2 manzanas sin piel picadas

1 cucharada de hierbas aromáticas

sal y pimienta

6 cucharadas de mantequilla

1 cucharada de cebolla picada

1 cucharada de aceite de oliva

380 g de arroz *carnaroli*

$^1/_2$ cucharadita de curry

1 $^1/_2$ litros de caldo de carne (receta en la pág. 128)

2 cucharadas de parmesano rallado

manzana al curry

Deshuese el pato y quítele la piel. Córtelo en trozos y déjelo marinar 24 horas en el frigorífico, en una salsa preparada con el vino, el apio, la cebolla, la zanahoria, las manzanas y las hierbas aromáticas, sal y pimienta a su gusto. Al día siguiente, escurra el caldo y resérvelo. Fría el pato con 2 cucharadas de mantequilla. Añada la zanahoria, el apio, las manzanas y la cebolla y rehogue unos minutos. Agregue el vino, tape y deje cocer 30 minutos. Pase la salsa obtenida por un colador y resérvela. Fría la cebolla con el aceite y dos cucharadas de mantequilla. Añada el arroz y el curry y rehogue unos minutos. Vierta el caldo de carne cuando rompa el hervor, removiendo de vez en cuando (añada más caldo si el arroz se seca demasiado). Pasados 10 minutos, añada el ragú de pato y la salsa reservada, removiendo otros 6 ó 7 minutos. Retire del fuego. Añada la mantequilla restante y el parmesano rallado. Mezcle bien y sirva enseguida. Decore con gajos de manzana verde.

Risotto

Para 4 personas

100 g de judías frescas

1 cucharada de cebolla picada

4 cucharadas de mantequilla

200 g de chorizo fresco sin piel picado

380 g de arroz *vialone nano*

1 vaso de vino tinto

1 ¹/₂ litros de caldo de carne (receta en la pág. 128)

4 cucharadas de parmesano rallado

on chorizo

Ponga a cocer las judías. Escurra y reserve. Dore la cebolla con la mitad de la mantequilla. Añada el chorizo y rehogue un poco más. Agregue el arroz y déjelo unos minutos más. Añada el vino tinto y deje evaporar a fuego vivo. Vierta el caldo de carne cuando rompa el hervor, removiendo de vez en cuando (añada más caldo a medida que se seque el arroz). Pasados 10 minutos, añada las judías. Remueva durante unos 6 ó 7 minutos. Retire del fuego. Añada la mantequilla restante y el parmesano rallado. Mezcle bien y sirva enseguida.

Risotto co...

Para 4 personas

1 cucharada de cebolla picada

2 cucharadas de aceite extra virgen

3 cucharadas de mantequilla

250 g de hinojo cortado en tiras finas

380 g de arroz *vialone nano*

$^1/_2$ vaso de vino blanco seco

1 $^1/_2$ litros de caldo de carne (receta en la pág. 128)

200 g de *bresaola* (carne de ternera) cortada en tiras

3 cucharadas de parmesano rallado

bresaola e hinojo

Dore la cebolla con el aceite y la mitad de la mantequilla. Añada el hinojo y rehogue algunos minutos. Añada el arroz y déjelo unos minutos más. Agregue el vino blanco y deje evaporar a fuego vivo. Vierta el caldo de carne cuando rompa el hervor. Deje cocer otros 16 ó 17 minutos, removiendo de vez en cuando (añada más caldo a medida que se seca el arroz). Retire del fuego.

Añada la *bresaola*, la mantequilla restante y el parmesano rallado.
Mezcle bien y sirva enseguida.

Risotto con perdice

Para 4 personas

1 cucharada de cebolla picada

2 cucharadas de aceite extra virgen

4 cucharadas de mantequilla

2 perdices en trozos

380 g de arroz *carnaroli*

$^1/_2$ vaso de vino blanco seco

1 $^1/_2$ litros de caldo de carne (receta en la pág. 128)

200 g de *radicchio* (variedad de achicoria de origen italiano) en tiras

4 cucharadas de parmesano rallado

y radicchio

Dore la cebolla con el aceite y la mitad de la mantequilla. Añada las perdices y rehogue unos minutos. Añada el arroz y déjelo unos minutos más. Agregue el vino blanco y deje evaporar a fuego vivo. Vierta el caldo de carne cuando rompa el hervor. Deje cocer otros 17 ó 18 minutos, removiendo de vez en cuando (añada más caldo si el arroz se seca demasiado). Retire del fuego. Añada el *radicchio*, la mantequilla restante y el parmesano rallado. Mezcle bien y sirva enseguida.

Risotto con cordero

y berenjenas

Para 4 personas

300 g de berenjenas en dados

1 vaso de aceite de maíz

1 cucharada de cebolla picada

1 diente de ajo majado

2 cucharadas de aceite extra virgen

4 cucharadas de mantequilla

300 g de solomillo de cordero
en trozos

380 g de arroz *carnaroli*

$^1/_2$ vaso de vino tinto

1 $^1/_2$ litros de caldo de carne
(receta en la pág. 128)

1 cucharadita de romero picado

3 cucharadas de parmesano rallado

Fría la berenjena con el aceite de maíz.
Séquela con papel de cocina y reserve.
Dore la cebolla y el ajo con el aceite y la
mitad de la mantequilla. Añada el cordero
y rehogue unos minutos. Agregue el arroz y
déjelo un poco más. Eche el vino tinto al
rehogado y deje evaporar a fuego vivo.
Vierta el caldo de carne cuando rompa
el hervor. Deje cocer de 17 a 18
minutos, removiendo de vez en
cuando (añada más caldo si el arroz
se seca demasiado). Retire del
fuego. Añada las berenjenas,
el romero, la mantequilla
restante y el parmesano
rallado. Mezcle bien y sirva
enseguida.

Risotto con ternera

200 g de zanahorias, cebolla y apio picados

2 cucharadas de aceite extra virgen

300 g de carne de ternera picada

1 ¹/₂ vasos de vino blanco seco

sal y pimienta

1 ³/₄ litros de caldo de carne (receta en la pág. 128)

200 g de setas *shiitake* en tiras

1 cucharada de cebolla picada

4 cucharadas de mantequilla

380 g de arroz *carnaroli*

3 cucharadas de parmesano rallado

1 cucharada de perejil picado

Dore la zanahoria, la cebolla y el apio. Añada la ternera y rehogue algunos minutos. Agregue 1 vaso de vino blanco y deje evaporar hasta reducir el líquido a la mitad. Salpimente al gusto. Vierta ¹/₂ litro de caldo de carne, tape la sartén y deje cocer a fuego lento. Pasados 20 minutos, añada las setas y deje cocer, sin tapar, unos minutos más. Reserve. Dore 1 cucharada de cebolla con la mitad de la mantequilla. Añada el arroz y rehogue un poco más. Agregue el resto del vino blanco y deje evaporar a fuego vivo. Vierta el caldo de carne cuando rompa el hervor. Deje cocer de 10 a 12 minutos, removiendo de vez en cuando (añada más caldo si el arroz se seca demasiado). Incorpore el ragú de ternera y deje cocer unos 4 ó 5 minutos más. Retire del fuego. Añada la mantequilla restante, el parmesano rallado y el perejil picado. Mezcle bien y sirva enseguida.

y setas *shiitake*

Risotto con

foie-gras y mostaza

Para 4 personas

1 cucharada de cebolla picada

4 cucharadas de mantequilla

380 g de arroz *carnaroli*

$1/2$ vaso de vino blanco seco

1 $1/2$ litros de caldo de carne

(receta en la pág. 128)

20 g de azafrán en hebras (español)

100 g de mostaza de Cremona en grano

2 cucharadas de parmesano rallado

1 cucharada de perejil picado

200 g de *foie-gras*

2 cucharadas de aceite extra virgen

1 cucharada de vinagre balsámico

Dore la cebolla con la mitad de la mantequilla. Añada el arroz y rehogue algunos minutos. Agregue el vino blanco y deje evaporar a fuego vivo. Vierta el caldo de carne cuando rompa el hervor, removiendo de vez en cuando (añada más caldo si el arroz se seca demasiado). Pasados 8 minutos, añada el azafrán y deje cocer 9 minutos más. Retire del fuego. Añada la mostaza de Cremona, la mantequilla restante, el parmesano rallado y el perejil picado. Mezcle bien. Rehogue el *foie-gras* rápidamente en aceite. Ponga el *risotto* directamente en los platos. Vierta el *foie-gras* por encima y rocíe con el vinagre balsámico.

Risotto con pollo

1 cucharada de cebolla picada

2 cucharadas de aceite extra virgen

3 cucharadas de mantequilla

$1/2$ pollo (pechuga y contramuslo) en trozos

380 g de arroz *carnaroli*

$1/2$ vaso de vino tinto

1 $1/2$ litros de caldo de carne (receta en la pág. 128)

hecho preferiblemente con los huesos del pollo

200 g de puerros (parte blanca) en rodajas

4 cucharadas de parmesano rallado

y puerros

Dore la cebolla con el aceite y la mitad de la mantequilla. Añada el pollo y rehogue unos minutos. Agregue el arroz y déjelo un poco más. Vierta el vino tinto y deje evaporar a fuego vivo. Añada el caldo de carne cuando rompa el hervor, removiendo de vez en cuando (añada más caldo si el arroz se seca demasiado). Pasados unos 14 minutos, añada los puerros y deje cocer otros 3 ó 4 minutos. Retire del fuego. Añada la mantequilla restante y el parmesano rallado. Mezcle bien y sirva enseguida.

Risotto con conejo

Para 4 personas

150 g de apio, zanahoria y cebolla en trocitos

2 cucharadas de aceite extra virgen

4 cucharadas de mantequilla

$^1/_2$ conejo (600 g) en trozos

380 g de arroz *carnaroli*

$^1/_2$ vaso de vino blanco seco

1 $^1/_2$ litros de caldo de carne (receta en la pág. 128)

4 cucharadas de parmesano rallado

2 cucharadas de piñones tostados

y piñones

Dore el apio, la zanahoria y la cebolla con el aceite

y la mitad de la mantequilla. Añada el conejo y

rehogue unos minutos. Agregue el arroz y deje un

poco más. Eche el vino blanco al rehogado y deje

evaporar a fuego vivo. Vierta el caldo de carne

cuando rompa el hervor. Deje cocer de

17 a 18 minutos, removiendo de vez en cuando

(añada más caldo si el arroz se seca demasiado).

Retire del fuego. Agregue la mantequilla restante

y el parmesano rallado. Mezcle bien. Sirva el *risotto*

directamente en los platos y espolvoree con los

piñones.

Risotto con

Para 4 personas

1 cucharada de cebolla picada

4 cucharadas de mantequilla

100 g de tocino en tiras

380 g de arroz *carnaroli*

$1/2$ vaso de vino blanco seco

1 $1/2$ litros de caldo de carne (receta en la pág. 128)

200 g de espinacas cocidas picadas

100 g de yuca cocida en dados

4 cucharadas de parmesano rallado

espinacas,
tocino y yuca

Dore la cebolla con la mitad de la
mantequilla. Añada el tocino y rehogue
unos minutos. Agregue el arroz y deje
un poco más. Eche el vino blanco al
rehogado y deje evaporar a fuego vivo.
Vierta el caldo de carne cuando rompa el
hervor, removiendo de vez en cuando
(añada más caldo a medida que se seque
el arroz). Pasados unos 10 minutos, añada
las espinacas y la yuca. Deje cocer otros
6 ó 7 minutos. Retire del fuego. Añada la
mantequilla restante y el parmesano
rallado. Mezcle bien y sirva enseguida.

Caldos y salsas

Pesto de rúcula

4 dientes de ajo
1 vaso de aceite extra virgen
4 cucharadas de piñones tostados
100 g de rúcula
2 cucharadas de perejil
2 cucharadas de queso de oveja o parmesano rallado
sal y pimienta

Mezcle el ajo y el aceite en la batidora o en la licuadora. Añada los piñones, la rúcula y el perejil. Bata un poco más. Añada el queso de oveja y remueva. Salpimente a su gusto.

Caldo de carne

1 kg de carne (o pollo)
3 litros de agua fría
50 g de zanahoria en trozos
50 g de apio en trozos
50 g de cebolla en trozos
sal y pimienta

Ponga todos los ingredientes en una cazuela. Cuando rompa el hervor, baje el fuego, tape la cazuela y deje cocer durante 1 $^1/_2$ horas. Retire del fuego y pase por un colador.

Salsa de tomate

16 tomates maduros
3 dientes de ajo
5 cucharadas de aceite extra virgen
sal y pimienta
5 hojas de albahaca

Sumerja los tomates un minuto en agua hirviendo para quitarles fácilmente la piel. Retire el corazón y las semillas, páselos por la batidora y, después, por el colador. Reserve. Pique bien la pulpa. Fría el ajo. Añada las semillas y el corazón batidos y rehogue durante unos minutos. Añada la pulpa de tomate picada. Salpimente a su gusto. Baje el fuego y deje cocer unos 10 minutos. Retire del fuego y añada las hojas de albahaca.

Caldo de vegetales

3 litros de agua fría
80 g de zanahoria en trozos
80 g de apio en trozos
80 g de cebolla en trozos
50 g de puerros en rodajas
1 ramita de hierbas aromáticas
sal y pimienta

Ponga todos los ingredientes en una cazuela. Cuando rompa el hervor, baje el fuego, tape la cazuela y deje cocer hasta reducir el líquido a la mitad. Retire del fuego y pase por un colador.

Caldo de pescado

1 kg de huesos de pescado
100 g de zanahoria en trozos
150 g de cebolla en trozos
100 g de apio en trozos
100 g de puerros en rodajas
3 cucharadas de aceite extra virgen
2 litros de agua fría
1 ramita de hierbas aromáticas
sal y pimienta

Corte los huesos de pescado y déjelos en remojo en agua fría durante 15 minutos. Rehogue la zanahoria, la cebolla, el apio y los puerros en el aceite. Añada el agua, los huesos de pescado y las hierbas. Deje cocer unos 20 minutos. Retire la espuma y pase por un colador sin aplastar los ingredientes. Deje la cazuela en el fuego 10 minutos más.

Los mandamientos
del buen *risotto*

...se preferentemente arroz italiano.

...unca lave el arroz italiano.

...aga un buen caldo.

...eza el arroz a fuego vivo.

...ñada el caldo de la cocción poco ... poco.

...emueva de vez en cuando para que ... se pegue el arroz.

... *risotto* debe estar jugoso ... *al dente*.

...rvalo siempre caliente.